Fußball Mindhacks

Mentale Stärke für junge Talente

Starker Kopf. Starkes Spiel.

Dieses Buch ist für junge Fußballer, die nicht nur besser spielen wollen –
sondern mental bereit sein wollen, wenn es zählt.

In **8 Kapiteln mit 24 einfachen Mindhacks** lernst du:

- Wie du selbstbewusster wirst
- Wie du mit Druck und Fehlern umgehst
- Wie du deinen Fokus findest – und hältst
- Wie du deine Stärken nutzt, wenn's zählt

Einfach, alltagstauglich, sofort anwendbar.

📙 **Für Spieler, die nicht nur kicken – sondern den Unterschied machen wollen wie die Profis.**

💬 **Für Eltern und Trainer, die mental stark begleiten wollen.**

 Impressum

Titel:
Fußball Mindhacks - Mentale Stärke für junge Talente

Autoren:
Sebastian Mundruc & Christian Wichert

Kontaktadresse:
Christian Wichert
Beckingerstraße 1
38116 Braunschweig

Gestaltung & Konzept:
Christian Wichert

Hinweis:
Dieses Buch ersetzt keine medizinische, psychologische oder therapeutische
Beratung. Die Inhalte basieren auf Praxiserfahrung und sollen zur mentalen
Entwicklung beitragen – insbesondere im Jugendfußball.

Verlag:
BoD · Books on Demand GmbH, Überseering 33, 22297 Hamburg,
bod@bod.de
Druck:
Libri Plureos GmbH, Friedensallee 273, 22763 Hamburg

ISBN: 978-3-8192-3012-7

Einleitung

Willkommen, zukünftiger Champion!

Doch zur Gratulation ist es vielleicht noch etwas zu früh. Warum? Dazu gleich mehr!

„Talent ohne harte Arbeit ist nichts. Aber harte Arbeit und mentale Stärke machen den Unterschied."

Das sagte **Cristiano Ronaldo** über Mindset und damit über mentales Training im Fußball.

Oft hören wir Aussagen wie: „Die anderen haben mehr Talent" oder „Ich bin nicht gut genug."

Das mag sein – doch die gute Nachricht, wie Ronaldo sagte: Dein Talent ist bei Weitem nicht alles!

„Mentale Stärke ist einer der wichtigsten Faktoren für eine erfolgreiche Karriere."

So sieht es **Roger Federer** – der 20-malige Grand-Slam-Sieger und einer der besten Tennisspieler aller Zeiten – wenn es um Mentalität im Sport geht.

Mentales Training gilt mittlerweile als einer der wichtigsten Erfolgsfaktoren – auch im Fußball.

Der Fokus liegt jedoch noch häufig auf Athletik, Technik und Taktik. Die mentalen Fähigkeiten werden dabei oft übersehen.

Doch du musst verstehen: Für eine erfolgreiche Karriere im Fußball brauchst du eine gesunde Mischung aus allen Bereichen.

Und dennoch: **Im Kopf fängt alles an!**
Daher wird es jetzt Zeit, dass du Verantwortung übernimmst – und zum **Mentalen Champion wirst**.

„Ich fange früh an und bleibe bis spät. Tag für Tag, Jahr für Jahr.
Ich habe 17 Jahre und 114 Tage gebraucht, um über Nacht erfolgreich zu werden."
– Lionel Messi

Jetzt sind wir also so weit. Ohne deinen Willen und deine Einstellung wirst du es nicht schaffen. Du musst es selbst in die Hand nehmen – und an dir arbeiten.

Eine Warnung vorweg:

Nur dieses Buch zu lesen und zu hoffen, dass danach alles gut ist, wird nicht reichen.

Ein Beispiel aus der Schule:

Früher haben manche Schüler ihr Mathebuch unter das Kopfkissen gelegt, in der Hoffnung, das Wissen würde über Nacht in den Kopf wandern.
Was für ein Blödsinn… Auch wir sind damals darauf reingefallen.

Wenn du wirklich zum Mentalen Champion werden willst, musst du dich weiterentwickeln. Du musst an dir arbeiten, ausprobieren – und mutig sein.

Wenn du dazu keine Lust hast, dann verschenke dieses Buch jetzt.

Aber: Wenn du weiterkommen willst – lass uns anfangen.

Und keine Sorge – du bist nicht allein.

Wir begleiten dich mit großer Freude auf deinem Weg!

In diesem Buch erfährst du - kurz, knackig und mit vielen Mindhacks - wie du deine **mentale Stärke** verbessern kannst, um im Sport erfolgreich zu sein. Auch wenn du körperlich top vorbereitet bist, ist es oft die mentale Stärke, die den Unterschied zwischen Sieg und Niederlage ausmacht.

Die besten Sportler der Welt wissen: Der Weg zum Erfolg führt nicht nur über harte Arbeit und Training – sondern auch über die richtige Einstellung und mentale Vorbereitung.

Was erwartet Dich?

In diesem Buch findest du praktische Strategien und Tools, die dir helfen, deine mentale Stärke gezielt zu entwickeln – und das nicht nur im Fußball, sondern auch im Alltag und in anderen Lebensbereichen.

Das bekommst du:

- **Praktische Tipps und Tricks** in 8 Kapiteln für mehr Selbstvertrauen und Selbstbewusstsein
- **Methoden**, um deine Stärken zu erkennen und gezielt einzusetzen

- **Wege**, um klare und erreichbare Ziele zu setzen

- **Strategien**, um besser mit Fehlern und Rückschlägen umzugehen

- **Mindhacks**, die dir sofort helfen, deine mentale Stärke zu verbessern

- Und vieles mehr rund um das Thema **mentales Training**

Unser Ansatz:

Die Kapitel und Übungen in diesem Buch sind unser **Best Guess** für deine persönliche Entwicklung im mentalen Bereich. Der Aufbau basiert auf vielen Jahren Erfahrung in der Zusammenarbeit mit Sportlern – vom Amateur bis zum Nationalspieler.

Wir haben bewusst diese Reihenfolge gewählt, weil jedes Kapitel auf dem vorherigen aufbaut. Unsere Empfehlung:

Lies das Buch am besten in der vorgesehenen Reihenfolge – und nutze gezielt die Übungen, die zu dir und deiner aktuellen Situation passen.

🚀 **Lass uns gemeinsam auf eine Reise gehen, um dein volles Potenzial zu entfalten!**

🎯 **Viel Erfolg auf deinem Weg**

Auf deinem Weg zum **„Mentalen Champion"** noch ein paar kurze, aber wichtige Hinweise.

Diese Punkte sind **elementar wichtig** für jede Form der Entwicklung – besonders dann, wenn du einmal Schwierigkeiten hast:

Es gibt nicht den einen Weg

Jeder Mensch ist anders – mit eigenen Stärken, Schwächen und Vorlieben. Deshalb gilt:

- Konzentriere dich auf **zwei, maximal drei Punkte,** die dir jetzt am meisten helfen.
- Versuche nicht, alles auf einmal zu ändern – Fokus bringt Fortschritt.

Sei offen

Oft hören wir: „Das geht nicht", „Das funktioniert so nicht." Unser Hinweis: **Ausprobieren, ausprobieren, ausprobieren!** Wenn etwas nicht zu dir passt – kein Problem. Es gibt genug andere Tools, die vielleicht besser für dich funktionieren.

Es ist ein Prozess

Training und Entwicklung sind Prozesse.

Nichts geht von heute auf morgen – **alles braucht seine Zeit.** Du hast Großes vor? Super! Aber denke daran: **Am besten kommen wir mit kleinen Schritten vorwärts.** Nimm dir die Zeit bewusst.

Fortschritt nicht Perfektion 🎯

Niemand ist perfekt – nicht einmal die besten Profis der Welt. Viel wichtiger als Fehler zu vermeiden:

- **aus Fehlern zu lernen** und
- **ständig ein Stück besser zu werden.**

Dein Ziel: Die beste Version deiner selbst.

Mindhacks

Jedes Kapitel enthält drei **Mindhacks -** praktische Übungen, mit denen du gezielt an deinem mentalen Game arbeiten kannst. Diese Übungen sind einfach, effektiv und direkt anwendbar.

Beispiele aus dem echten Leben

Jedes Kapitel enthält Beispiele aus der Arbeit mit unseren Sportlern – sowie aus dem Profisport.

Diese Beispiele zeigen dir: Auch andere Sportler haben Schwierigkeiten – aber sie entwickeln sich weiter.

Die Namen wurden verändert. Bei den Profis haben wir auch Beispiele aus anderen Sportarten gewählt – von den **Besten der Besten.** Das soll dir zeigen: **Ihr Erfolg ist kein Zufall.**

Jetzt geht's los, viel Spaß!

1. Selbstbewusstsein aufbauen

Was bedeutet Selbstbewusstsein?

Selbstbewusstsein ist das Wissen um die eigenen Stärken und Schwächen – sowie die Fähigkeit, diese Stärken in verschiedenen Situationen gezielt einzusetzen.

Es ist vielleicht die wichtigste mentale Eigenschaft, die du im Sport und im Leben allgemein brauchst.

Dein **SelbstBEWUSSTSEIN** zeigt dir – wenn du ehrlich zu dir selbst bist – ganz genau, was du schon gut kannst und was nicht.

Diese Einstellung ermöglicht es dir, konkrete Maßnahmen abzuleiten.

Das Bewusstsein ist immer der erste Schritt.

Was Selbstbewusstsein nicht ist:

Zu glauben: „Ich bin immer perfekt" oder „Ich muss alles können".

Viele Sportler stellen sich genau das vor. Doch wirklich:

Selbst die Top-Sportler der Welt haben Schwächen und machen Fehler.

„Talent gewinnt Spiele, aber Teamwork und Intelligenz gewinnen Meisterschaften.“

Michael Jordan

 **M**indhack 1: Erfolgstagebuch

Was du brauchst: Ein Notizbuch und einen Stift. (Vorlage auf der nächsten Seite)

Wie es funktioniert: Notiere auf der einen Seite **jeden Tag drei Dinge**, die du in deinem Sport gut gemacht hast, und auf der anderen Seite **eine Sache, die du gelernt hast.**

Was du gelernt hast, könnte z. B. die Verbesserung einer kleinen Schwäche sein. Dabei ist es egal, **wie klein** diese Dinge erscheinen mögen. Das hilft dir, deine Erfolge und Stärken bewusst wahrzunehmen – und so dein Selbstbewusstsein zu stärken.

ERFOLGSTAGEBUCH

FÜR MEHR SELBSTBEWUSSSTEIN

TAG 1

Was habe ich heute gut gemacht?
1.

2.

3.

TAG 1

Was habe ich heute gelernt?
1.

TAG 2

Was habe ich heute gut gemacht?
1.

2.

3.

TAG 2

Was habe ich heute gelernt?
1.

TAG 3

Was habe ich heute gut gemacht?
1.

2.

3.

TAG 3

Was habe ich heute gelernt?
1.

Beispiel aus dem Fußball: Marie, eine Stürmerin, hielt in ihrem Erfolgstagebuch fest, dass sie ihre Schusstechnik verbessert hatte oder ihren Trainer beeindruckt hatte.

Dieses Tagebuch half ihr, sich an ihre Erfolge zu erinnern – und ihre Selbstwahrnehmung zu verbessern.

Beispiel von einem Top-Sportler: Cristiano Ronaldo nutzt regelmäßig Reflexion, um seine Leistungen zu bewerten.

Durch das Festhalten seiner Erfolge und das Lernen aus seinen Erfahrungen konnte er sein Selbstbewusstsein kontinuierlich weiter stärken.

Mindhack 2: Der Lautstärkeregler

Was Du brauchst: Deine Vorstellungskraft.

Wie es funktioniert: Stell dir vor, du hast einen **Lautstärkeregler** für deine **innere kritische Stimme.** Wenn diese zu laut wird, **drehst du den Regler leiser** und konzentrierst dich auf positive Gedanken – zum Beispiel auf etwas Entspanntes oder auf einen Erfolg.

Beispiel aus dem Fußball: Tim, ein Torwart, hatte oft mit Selbstkritik zu kämpfen. Er stellte sich vor, dass er einen Lautstärkeregler für seine kritische Stimme hatte.

Das half ihm, sich auf seine Stärken zu konzentrieren und sich selbst weniger zu kritisieren.

Beispiel von einem Top-Sportler: Simone Biles, eine der erfolgreichsten Turnerinnen der Welt, verwendet Techniken wie **positive Selbstgespräche** und **Visualisierung**, um ihre Selbstkritik zu reduzieren und sich auf ihre Stärken zu konzentrieren. 23

 Mindhack 3: Der Mut-Bär 🐻

Was du brauchst: Einen ruhigen Ort, an dem du dich konzentrieren kannst. 5–10 Minuten Zeit für dich selbst. Habe eine **offene Haltung**, um Gedanken bewusst wahrzunehmen und zu steuern.

Wie es funktioniert: Es kommt darauf an, welchen Bären du fütterst:

– den Mut-Bären, der dich stark und mutig macht,

– oder den Angst-Bären, der dich verunsichert.

In dieser Übung lernst du, den Mut-Bären zu füttern, indem du deine Gedanken **bewusst in eine positive Richtung lenkst.**

1.Gedanken erkennen

Denk an eine Situation im Fußball, die dir Angst macht (z. B. ein Elfmeter oder ein Zweikampf).

- **Angst-Bär:** „Was, wenn ich einen Fehler mache?"

- **Mut-Bär:** „Ich habe trainiert – ich werde es probieren!"

2. Mut-Bären füttern

Ersetze negative Gedanken durch positive. Wiederhole mutige Gedanken:

- **Angst:** „Ich könnte verlieren."

- **Mut:** „Ich kann gewinnen und etwas lernen. Ich bin bereit!"

3. Festhalten

Stell dir vor, du meisterst die Situation erfolgreich, weil der Mut-Bär dir Kraft gibt.

Halte diese Situation für dich fest – und wenn du magst, schreib dir deine Gedanken auf.

Reflexion:

Frag dich: „Welchen Bär habe ich heute gefüttert?"

Es ist deine Entscheidung, mit welcher Haltung du ins Training oder Spiel gehst.

Auch hier gilt: Übung macht den Meister!

Der innere Kritiker

Der innere Kritiker kann deine Selbstwahrnehmung negativ beeinflussen. Es ist wichtig, diese kritischen Gedanken zu erkennen und zu lernen, wie man sie konstruktiv handhabt, ohne das Selbstbewusstsein zu beeinträchtigen.

2. Selbstvertrauen stärken

Was ist Selbstvertrauen?

Selbstvertrauen ist der **Glaube an die eigenen Fähigkeiten**. Es ist das Gefühl, dass du deine Ziele erreichen kannst und in der Lage bist, Herausforderungen zu meistern.

Selbstvertrauen ist entscheidend – besonders in schwierigen Situationen, wie bei harten Spielen oder Rückschlägen.

Aber: Selbstvertrauen wird dir **nicht geschenkt** und ist **nicht einfach da.**

Selbstvertrauen kommt durch Mut, Einsatz und Ehrgeiz – mit der Zeit, Schritt für Schritt.

Es ist ein Prozess. Und die gute Nachricht: 👉 **Du kannst mehr Selbstvertrauen trainieren.**

„Wenn du nicht an dich glaubst, wird es auch keiner sonst tun." Kobe Bryant

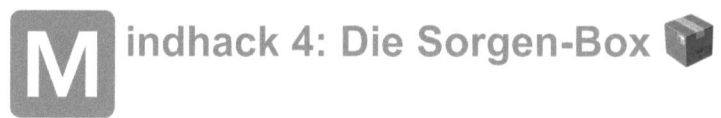 indhack 4: Die Sorgen-Box 📦

Was Du brauchst:

- Einen Schuhkarton
- Post-it-Zettel
- Stifte
- Eine Schere

Wie es funktioniert: Fülle die **negative „Sorgen-Box"** mit all den Gedanken, die dich im Wettkampf limitieren oder blockieren.

Das können Gedanken sein wie:

„Der Platz ist so schlecht – hier kann man gar nicht spielen!"

„Ich darf heute auf gar keinen Fall einen Fehler machen."

Schreibe jeden dieser Gedanken auf einen kleinen Zettel – und stecke ihn in die Sorgen-Box.

Jetzt kommt der zweite Schritt: Überlege dir positive Alternativen zu diesen Gedanken. Zum Beispiel:

„Ich bin mutig und suche heute die Zweikämpfe."

Ich traue mir zu, laut und deutlich meine Mitspieler zu unterstützen."

Diese positiven Gedanken schreibst du auf kleine **Post-it-Zettel** – **und klebst sie außen auf deine Sorgen-Box**.

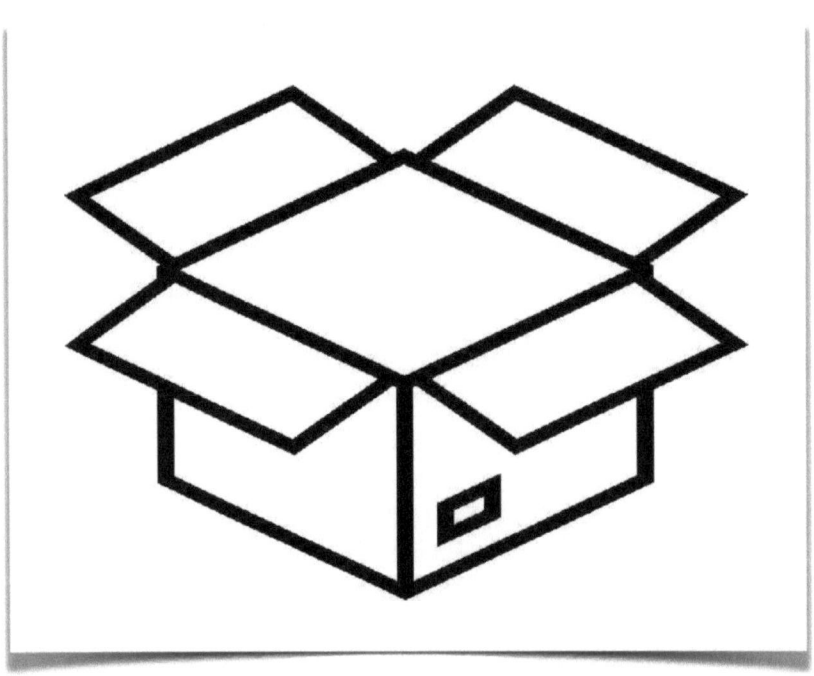

Wiederhole diese Übung **vor jedem Spiel**. Schon bald wird deine Box **übersät sein mit positiven Gedanken und Erfahrungen!**

💡 **Tipp:**

Natürlich werden sich auch **immer wieder negative Gedanken** einschleichen. Kein Problem – schnell aufschreiben, ab in die Box damit – und **weiter geht's mit Fokus und Mut**.

Beispiel aus dem Fußball: **Lisa**, eine junge Mittelfeldspielerin, war vor Wettkämpfen oft nervös. Durch die Nutzung der „**Sorgen-Box**" lernte sie, ihre Nervosität zu kontrollieren. Sie legte negative Gedanken bewusst zur Seite und konzentrierte sich stattdessen auf Dinge, die sie aktiv beeinflussen konnte.

Beispiel von einem Top-Sportler: **Michael Jordan**, der berühmte Basketballspieler, ist bekannt für seine **unerschütterliche Selbstsicherheit**.

Trotz zahlreicher Rückschläge – darunter ein entscheidendes Versagen bei einem Schulwettkampf – **vertraute er weiter auf seine Fähigkeiten.** Er arbeitete hart und wurde einer der besten Spieler aller Zeiten. Sein Erfolgsrezept: 👉 **Er fokussierte sich auf das, was er selbst beeinflussen konnte.**

Mindhack 5: Der kleine Schritt 👣

Was du brauchst:

- Einen Plan

- Kleine, konkrete Ziele

Wie es funktioniert: Setz dir **jeden Tag ein kleines, erreichbares Ziel**.

Das kann eine **Technikverbesserung im Training** sein oder z. B. das Erreichen einer bestimmten **Anzahl an Wiederholungen**.

🎯 Wichtig: Es sollte **nicht zu leicht** sein – du machst das schließlich für **deine Entwicklung**!

Denn: **Jeder kleine Erfolg stärkt dein Selbstvertrauen.**

👉 **Übungszettel:**

Zum Start kannst du den **Übungszettel auf der nächsten Seite nutzen**. In der Reflexion kannst du kurz eintragen, **wie es gelaufen ist**.

Beispiel aus dem Fußball: Max, ein Mittelfeldspieler, setzte sich täglich das Ziel, **10 präzise Pässe** zu spielen. Diese kleinen Erfolge gaben ihm Sicherheit. Mit jedem Tag fühlte er sich auf dem Spielfeld stärker – weil er sah, wie er sich Schritt für Schritt verbesserte.

Beispiel von einem Top-Sportler: **Serena Williams**, eine der besten Tennisspielerinnen der Welt, investierte täglich Stunden, um i**hre Technik minimal zu verbessern**. Ihre Philosophie: Jede kleine Verbesserung zählt. Durch diesen konsequenten Einsatz formte sie sich selbst zur Legende – **ein kleiner Schritt nach dem anderen**.

DER KLEINE SCHRITT

ZIEL NUMMER 1

Was ist mein Ziel?

Reflexion:

ZIEL NUMMER 4

Was ist mein Ziel?

Reflexion:

ZIEL NUMMER 2

Was ist mein Ziel?

Reflexion:

ZIEL NUMMER 5

Was ist mein Ziel?

Reflexion:

ZIEL NUMMER 3

Was ist mein Ziel?

Reflexion:

ZIEL NUMMER 6

Was ist mein Ziel?

Reflexion:

 **indhack 6: Power-Karten**

Was brauchst du dafür? Papier, Stift, Karteikarten o.ä.

Wie es funktioniert: Erstelle deine Power-Karten!

Schreib auf jede Karte eine deiner **Stärken** – z. B. Torschuss, Flanken, Schnelligkeit, Übersicht.

Bewerte jede Stärke mit einer Zahl von **1 bis 10**, je nachdem, wie gut du dich darin einschätzt.

🧠 **Vor dem Spiel:**

Schau dir deine Karten in Ruhe an.

Denk an Situationen, in denen du diese Stärken **erfolgreich eingesetzt** hast. Sag dir dabei:

„Das kann ich richtig gut – darauf kann ich mich verlassen!"

⚽ **Im Spiel oder in Pausen:**

Wenn du unsicher wirst, **erinnere dich an deine Karten**. Sie helfen dir, dich auf deine Fähigkeiten zu fokussieren – **statt auf Zweifel oder Angst**.

Warum das hilft:

Power-Karten lenken deinen Fokus **auf das, was du kannst**. So baust du dein **Selbstvertrauen** gezielt auf – im **Training** wie im **Wettkampf**.

💡 **Tipp:**

Aktualisiere deine Karten regelmäßig, um deine **Fortschritte zu dokumentieren** und dein Selbstvertrauen weiter zu stärken!

Übung macht den Meister

Training ist nicht nur für deinen Körper wichtig, sondern auch für deinen Kopf.

Je mehr du bewusst deine **mentalen Fähigkeiten** trainierst, desto mehr **Vertrauen** entwickelst du in dich selbst.

Denn: **Wiederholung ist der Schlüssel**. Wiederholtes mentales Training stärkt dein Selbstvertrauen langfristig.

Beispiel aus dem Fußball: **Julia**, eine Abwehrspielerin, fokussierte sich intensiv auf ihr **Stellungsspiel**. Durch konsequentes Training und das ständige Streben nach Verbesserung konnte sie ihr Selbstvertrauen stärken –

und ihre Leistung in Wettkämpfen deutlich steigern.

Beispiel von einem Top-Sportler: **Usain Bolt**, der schnellste Mensch der Welt, ist bekannt für sein **konsequentes Training**. Seine tägliche Praxis, seine Disziplin und sein Glaube an sich selbst halfen ihm, **Weltrekorde aufzustellen** und zur Legende zu werden.

3. Stärken einsetzen

Was bedeutet es, seine Stärken zu kennen?

Deine Stärken sind die besonderen **Fähigkeiten oder Talente,** die dich von anderen unterscheiden. **Und ja – auch du hast definitiv Stärken!**

Diese Stärken gezielt zu nutzen bedeutet, dass du dich auf das fokussierst, was **DU besonders gut kannst** und genau diese Fähigkeiten in deinem Sport bewusst einsetzt.

Oftmals sind wir viel zu stark auf unsere **Schwächen fixiert**: „Ich kann das nicht", „Die anderen sind besser", „Ich schaffe das nie."

Das mag sich manchmal so anfühlen – aber es bringt dich nicht weiter.

👉 In deiner Sportart kommt es darauf an, dass du **deine Stärken** einbringst –

und sie Schritt für Schritt weiterentwickelst.

Natürlich kannst du auch an Schwächen arbeiten –

aber: Dein Fokus auf deine Stärken ist der Schlüssel, um dein Selbstvertrauen zu stärken und deinem Team wirklich zu helfen.

👉 **Die 80/20-Regel: Konzentriere dich zu 80 % auf deine Stärken und investiere 20 % deiner Zeit in die Arbeit an deinen Schwächen. So nutzt du dein volles Potenzial und bleibst motiviert.**

„Ein Gewinner ist jemand, der seine gottgegebenen Talente erkennt, hart daran arbeitet, sie zu Fähigkeiten zu entwickeln, und diese Fähigkeiten dann nutzt, um seine Ziele zu erreichen."

Larry Bird (einer der besten NBA-Spieler aller Zeiten)

Mindhack 7: Stärken System 💪

Was Du brauchst: Ein bisschen Zeit – und Ehrlichkeit mit dir selbst.

Wie es funktioniert: **Schreib auf**, was deine e**inzigartige Fähigkeit im Sport** ist. Das kann zum Beispiel dein gutes Auge für den Mitspieler, deine Schnelligkeit oder deine Übersicht sein.

Frag dich:

Was fällt mir leicht?

Was gelingt mir regelmäßig gut – ohne dass ich viel darüber nachdenke?

👉 **Das ist dein natürliches Talent.**

Überleg dir jetzt, w**ie du aus deinem Talent eine echte Stärke** machst:

- Was kannst du trainieren?

- In welchen Situationen kannst du diese Fähigkeit gezielt einsetzen?

- Wie kannst du sie im Spiel sichtbar machen?

Tipp:

Schreib deine Gedanken gerne auf die nächste Seite – und mach dir zu jedem Talent **einen kleinen Plan**, wie du es **weiterentwickeln** willst.

Viele Sportler haben **1–2 solcher Talente** –

wenn du sie erkennst, **wirst du gezielter trainieren**, selbstbewusster auftreten und mehr Freude am Spiel haben.

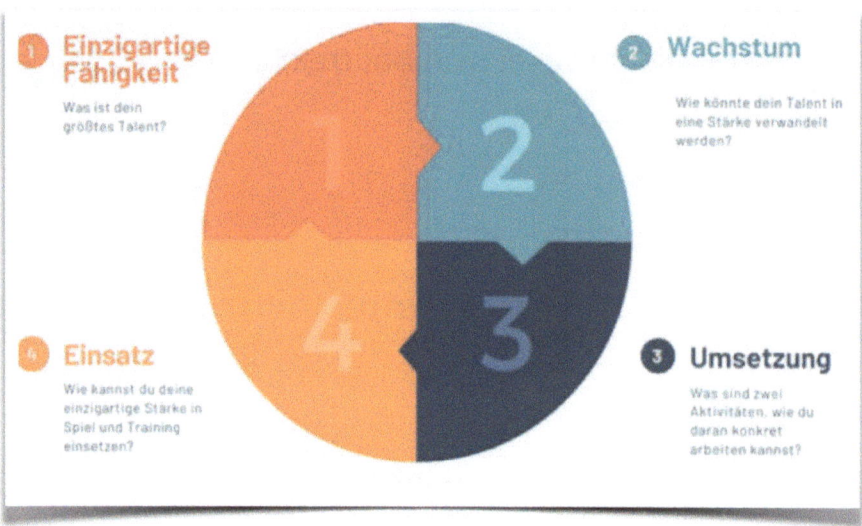

Beispiel aus dem Fußball: **Anna**, eine zentrale Mittelfeldspielerin, bemerkte, dass sie ein **ausgeprägtes Gespür für Taktik** hatte – besonders dann, wenn sie strategische Spiele spielte. Dieses Talent half ihr, **ihre Spielintelligenz zu verbessern**, indem sie taktische Überlegungen aktiv in ihre Entscheidungen auf dem Platz einfließen ließ.

Beispiel von einem Top-Sportler: **LeBron James** erkannte früh, dass er ein außergewöhnliches **strategisches Spielverständnis** besaß. Diese Fähigkeit half ihm nicht nur, **das Spiel zu lesen**, sondern auch, **sein Team zu führen** und die entscheidenden Impulse zu setzen.

 indhack 8: Moments of Excellence

Was Du brauchst: Stift, Zettel und etwas Zeit - für dich selbst.

Wie es funktioniert:

1. **Erinnerung an Erfolge**. Such dir einen ruhigen Moment und erinnere dich bewusst an **besondere Leistungen** von dir.

Das kann ein starkes Spiel, ein gelungener Wettkampf oder auch ein Training sein, bei dem du alles richtig gemacht hast.

2. Aufschreiben

Halte den Moment **detailliert fest**:

- Was war die Situation?
- Was hast du gefühlt?
- Welche Aktionen haben zu deinem Erfolg geführt?

3. Visualisierung 📍

Stell dir die Situation bildlich vor – und versuche, die damaligen Emotionen wieder zu spüren.

Sieh dich selbst erfolgreich sein – genauso wie damals.

💡 **Tipp:**

Du kannst diese Übung **vor einem Spiel** oder v**or wichtigen Situationen** nutzen – z. B. vor einem Elfmeter, einem Kopfballduell oder wenn du unter Druck stehst. Der Gedanke dabei: **Was du einmal geschafft hast, kannst du wieder schaffen**.

Beispiel aus dem Fußball: **Lukas**, ein schneller Außenspieler, erinnerte sich an ein 1-gegen-1-Duell, bei dem er seinen Gegenspieler mit einer Körpertäuschung ausspielte, den Torwart überwand und ein entscheidendes Tor erzielte. Diese Szene wurde zu seinem **Moment of Excellence**, den er sich immer wieder ins Gedächtnis rief – vor allem, wenn schwierige Spiele anstanden. Er wusste: „**Ich kann den Unterschied machen.**"

Beispiel aus dem Profisport: **Michael Jordan**, einer der größten Basketballspieler aller Zeiten, sprach häufig davon, wie wichtig es für ihn war, sich an **seine besten Leistungen zu erinnern**. Diese positiven Erfahrungen gaben ihm **Kraft, Fokus und Selbstvertrauen**, besonders in entscheidenden Momenten.

 Mindhack 9: Box Breathing (4x4)

Was Du brauchst: Geduld - und etwas Übung. Es lohnt sich!

Wie es funktioniert: Mit dieser Atemtechnik bringst du dich in einen **ruhigen, konzentrierten Zustand** – und richtest deinen Fokus **bewusst auf eine deiner Stärken**.

Das hilft dir, dich nicht von äußeren Umständen ablenken zu lassen:

 Schlechter Platz

✖ Schiedsrichterentscheidungen

✖ Nervosität

☑ **Du bleibst bei dir.**

➡ Während du atmest, denk an eine konkrete Stärke, die du heute zeigen willst.

Sag dir innerlich z.B.: „Ich bringe heute meinen starken Abschluss ein – weil ich daran glaube."

Warum das funktioniert:

Diese Atemtechnik bringt dich **mental in deine Mitte** – und gleichzeitig erinnerst du dich daran, **wer du bist und was du kannst**.

BOX BREATHING

Halten 4 Sekunden

Einatmen für 4 Sekunden

Ausatmen 4 Sekunden

Start

Halten 4 Sekunden

Starte an dem Startpunkt. In dieser Atemübung atmest du immer 4 Sekunden ein, hältst Deinen Atem für 4 Sekunden. Dann Atmest du 4 Sekunden aus und hältst den Atem wieder für 4 Sekunden. Davon machst Du 6 Durchgänge.

4. Ziele setzen

Warum sind Ziele wichtig?

Ziele geben dir eine klare Richtung und sorgen für Motivation. Sie helfen dir, dich auf das Wesentliche zu konzentrieren und deine Fortschritte sichtbar zu machen.

Ohne klare Ziele ist es schwer, deine Leistung zu verbessern oder deine Erfolge zu erkennen.

Mit Zielen überlässt du deine Entwicklung nicht dem Zufall – du nimmst sie selbst in die Hand.

„Setze Deine Ziele hoch, und höre nicht auf, bis Du ankommst.“

Bo Jackson (ehemaliger NFL und MLB Profi)

Mindhack 10: Die Disney-Methode 🎬

Was Du braucht: Papier, Stift - und Mut zum Träumen.

Wie es funktioniert: Walt Disney war einer der größten Visionäre unserer Zeit. Er schaffte es, seine **Träume in konkrete Ziele** und schließlich in die **Realität** zu verwandeln. Sein Geheimnis?

Er arbeitete mit drei verschiedenen Denkrollen – allen voran der des Visionärs. Halte die Bilder fest. Druck dir deine Träume und Ziele aus und hänge sie gut sichtbar an die Wand oder halte diese schriftlich fest.

Schritt 1: Werde zum Visionär

In dieser Rolle darfst du **groß träumen.** Lass deiner Fantasie freien Lauf – ohne Selbstzweifel, ohne Einschränkungen. Stell dir vor:

- Was willst du sportlich erreichen?

- Was wäre dein größter Traum auf dem Spielfeld?

- Was würdest du tun, wenn du **nicht scheitern könntest**?

📝 Schreibe alles auf. Denk nicht darüber nach, ob es realistisch ist. Hier geht es nur um deine **kreative Vorstellungskraft**.

Schritt 2: Halte deine Vision fest

- Male dir Bilder aus,

- drucke inspirierende Fotos aus

- oder formuliere deine Ziele in klaren Worten.

Häng sie gut sichtbar in dein Zimmer – als tägliche Erinnerung daran, was möglich ist.

Warum das funktioniert:

Wenn du deine Ziele sichtbar machst, verankerst du sie in deinem Denken. Dein Gehirn beginnt automatisch, Wege zu suchen, wie du sie erreichen kannst.

Träume werden so zu Plänen – und Pläne zu Taten.

Mindhack 11: Ziele setzen 🎯

Was Du brauchst: Papier und Stift.

Wie es funktioniert: Setz dir ein **konkretes Ziel**, das du in den nächsten **vier Wochen** erreichen möchtest – ein Ziel, das dich deinen **Träumen** ein Stück näher bringt.

Schreibe dir auf:

- Was genau dein Ziel ist

- Was du **aktiv** dafür tun kannst

Denk daran: Es geht um **Fortschritt**, nicht um Perfektion. Wenn du dein Ziel erreicht hast, suchst du dir das nächste. So wirst du **Schritt für Schritt besser** – und kommst deinen großen Zielen immer näher.

Beispiel aus dem Fußball: Julia, eine Stürmerin, setzte sich das Ziel, ihre **Schusstechnik** in den nächsten zwei Monaten deutlich zu verbessern. Sie unterteilte dieses Ziel in kleine, erreichbare **Zwischenziele**, wie z. B. „jeden zweiten Tag 50 gezielte Abschlüsse trainieren". So konnte sie ihren Fortschritt sichtbar machen und motiviert bleiben.

Beispiel von einem Top-Sportler: **Eliud Kipchoge**, der Marathon-Weltrekordhalter, hatte ein klares Ziel: Einen Marathon in **unter zwei Stunden** zu laufen. Mit **detaillierter Planung**, eiserner Disziplin und täglichem Training gelang es ihm – und er schrieb **Sportgeschichte**

Mindhack 12: Die NOT to do Liste 🚫

📌 **Hinweis:**

Die Idee der Not-to-do-Liste wurde ursprünglich von *Dean Graziosi in „Die Erfolgsgeheimnisse der Millionäre"* **entwickelt** – einem erfolgreichen US-Unternehmer und Motivationstrainer. Wir haben seine inspirierende Methode für junge Sportler angepasst und weiterentwickelt. Die grafische Darstellung stammt von uns.

Was Du brauchst: Papier und Stift

Wie es funktioniert: Dieser Mindhack funktioniert ein wenig anders als die bisherigen. Denn: Hier geht es **nicht darum, was du tun solltest**, sondern **was du lassen solltest.**

Frag dich:

Welche Gewohnheiten, Verhaltensweisen oder Ablenkungen bremsen mich und meine Ziele aus?

Was hält mich davon ab, mein volles Potenzial zu nutzen?

Das können Dinge sein wie:

🍕 Ungesundes Essen vor dem Spiel

🎮 Zu langes Zocken am Abend

📱 Ständige Ablenkung durch Social Media

😴 Zu wenig Schlaf

💭 Negative Selbstgespräche

Nutze unsere Vorlage auf der übernächsten Seite mit Dingen, die dich regelmäßig davon abhalten, deine Ziele zu erreichen – und entscheide dich bewusst dafür, damit aufzuhören.

Nimm dir Zeit. Denk ehrlich nach. Oder frag jemanden, dem du vertraust. Meist fallen einem 4–5 Dinge ein, die man in Zukunft besser lassen sollte.

Beispiel aus dem Fußball: **Paul**, ein Torwart, merkte, dass seine Leistung im Spiel oft schwankte, wenn er am Vorabend zu lange Videospiele spielte.

Er schrieb es auf seine NOT-to-do-Liste – und reduzierte seine Spielzeit drastisch. Ergebnis: **Mehr Fokus, mehr Leistung, mehr Sicherheit.**

Beispiel von einem Top-Sportler: Ein Spieler (Den Namen dürfen wir leider nicht nennen) aus der **1. Bundesliga** hatte bei Auswärtsspielen immer wieder Leistungseinbrüche.

Nach Gesprächen im Team erkannte er: Die lange **Smartphone-Nutzung** vor dem Schlafengehen beeinträchtigte seine Erholung.

Er reduzierte die Bildschirmzeit deutlich – und seine Leistungen wurden stabiler und konstanter. 60

NOT TO DO LISTE

DINGE, DIE ICH UMBEDINGT VERMEIDEN MUSS

☐

☐

☐

DINGE, DIE ICH VOR SPIELEN VERMEIDEN MUSS

☐

☐

☐

☐

☐

DINGE, DIE ICH MIR ZUKÜNFTIG ÜBERLEGEN WERDEN

☐

☐

☐

5. Umgang mit Fehlern

Fehler als Chance

Zuerst einmal: **Fehler sind ganz normal** – und sie gehören **untrennbar zum Leben eines Sportlers dazu**. Egal, wie gut du bist:

Jeder macht Fehler.

Doch was ist ein Fehler eigentlich?

Ein Fehler passiert, wenn du etwas versuchst – und es nicht gelingt. Beispiel: Du spielst einen riskanten Pass – aber der Ball wird abgefangen, es entsteht ein Gegentor. Das war nicht deine Absicht.

Ein Fehler ist nie absichtlich. Wenn etwas mit Absicht geschieht, ist es keine Panne – sondern eine bewusste Entscheidung.

Trotzdem versuchen viele Sportler, **Fehler um jeden Preis zu vermeiden**. Aber Achtung: Je mehr du versuchst, Fehler zu vermeiden, desto wahrscheinlicher passieren sie. Warum?

Weil du dann **ständig darüber nachdenkst** – und dein Fokus vom Spiel verloren geht. Das nennt man eine **selbsterfüllende Prophezeiung**.

Die gute Nachricht:

Fehler sind eine riesige Chance, um zu lernen und besser zu werden. Sie zeigen dir, woran du noch arbeiten kannst – und bringen dich langfristig voran.

„Wenn Plan A nicht klappt, mache ich weiter mit Plan B, Plan C und Plan D." **Serena Williams** (*23 Grand Slam und Olympiasiegerin im Tennis*)

Mindhack 13: Fehler-Analyse 🔍

Was Du brauchst: 🧠 Einen klaren Kopf und etwas Geduld.

Wie es funktioniert:

1. **Reflektiere ruhig**: Was ist passiert? Warum?

2. **Lerne daraus**: Was kannst du beim nächsten Mal besser machen?

3. **Schreibe es auf**: So wird dir klar, was du wirklich verändern kannst.

4. **Setze es um**: Wenn es eine Schwäche ist – trainiere gezielt daran.

Jeder Fehler ist eine **Gelegenheit zur Verbesserung**. Nutze sie!

Beispiel aus dem Fußball: **Jasper**, ein Abwehrspieler, machte einen folgenschweren Fehler, der fast das Spiel kostete. Statt sich zu verstecken, analysierte er den Fehler mit seinem Trainer – und trainierte gezielt seine Technik. **Ergebnis**: Weniger Fehler, mehr Selbstvertrauen.

Beispiel von einem Top-Sportler: **Novak Djokovic** hat in seiner Karriere wichtige Spiele verloren. Doch er nutzte jeden Fehler, um seine Taktik und Technik zu verbessern – und wurde dadurch zum mehrfachen Grand-Slam-Champion.

Mindhack 14: Der Bounce-Back - Steh wieder auf

Was Du brauchst: Einen positiven, kraftvollen Spruch

Wie es funktioniert:

1. **Fehler passieren? Sag dir:**

„Ich stehe wieder auf und mache weiter!"

2. **Nutze diesen Satz als deinen Anker**. Er hilft dir, in schwierigen Momenten mental stark zu bleiben.

3. **Glaub an dich**: Ein Fehler ist nicht das Ende – sondern ein neuer Anfang.

Beispiel aus dem Leistungssport: Tom, ein Stürmer, verschoss einen Elfmeter. Er war enttäuscht, sagte sich aber: *„Ich mache weiter – und werde es besser machen."* Er trainierte gezielt – und traf beim nächsten Mal.

Beispiel von einem Top-Sportler: **Michael Phelps**, der erfolgreichste Schwimmer aller Zeiten, hatte auch Niederlagen. Doch er nutzte jeden Rückschlag, um **noch stärker zurückzukommen**.

Mindhack 15: Fokus Kreis ⭕

Was Du brauchst: Papier, Stift und deine Vorstellungskraft

Wie es funktioniert:

1. **Zeichne einen Kreis auf ein Blatt Papier** – das ist dein **Fokus-Feld**

2. **In den Kreis schreibst du**: Dinge, auf die du dich konzentrieren willst (z. B. Technik, Team, Atmung).

3. **Außerhalb des Kreises schreibst du**: Alles, was dich ablenkt (z. B. Zuschauer, Schiri, Druck).

4. **Visualisiere den Kreis im Kopf**, vor jedem Spiel oder Training.

- Nur das, was **im Kreis** steht, bekommt deine Aufmerksamkeit.

- Alles andere? **Gedanklich rausschieben**.

Beispiel-Anwendung:

Vor einem Spiel schaust du auf deinen Fokus-Kreis:

Du erinnerst dich: „Ich konzentriere mich auf meine Aufgabe –
nicht auf die Zuschauer." So bleibst du ruhig und **spielst
fokussierter**.

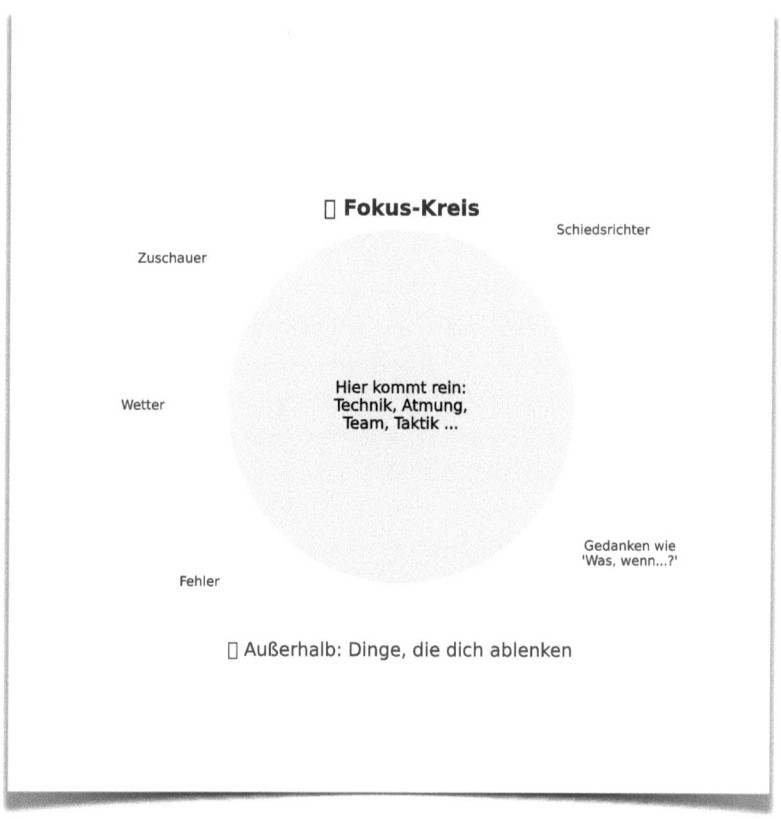

6. Das richtige Spannungslevel finden

Was ist das richtige Spannungslevel?

Für Sportler ist es wichtig, das **richtige Spannungslevel** zu finden. **Zu viel** Anspannung kann zu Stress und Fehlleistungen führen, während **zu wenig** Spannung dazu führt, dass du nicht dein volles Potenzial abrufst. Der Schlüssel liegt darin, eine **Balance zwischen Fokus und Lockerhei**t zu finden.

Dabei liegt das optimale Spannungslevel bei jedem Sportler an einer anderen Stelle. Manche müssen sich vor Wettkämpfen gezielt entspannen, weil sie zu nervös sind. Andere hingegen brauchen ein hohes Spannungsniveau, um maximale Leistung abzurufen. **Jeder ist anders**.

„Musik bringt mich in den Flow. Sie schaltet die Welt aus – und mich ein." LeBron James

Als Orientierung gilt: Das ideale Spannungslevel liegt auf einer Skala von 1 bis 10 ungefähr zwischen 7 und 8.

Mindhack 16: Die 4-7-8. Methode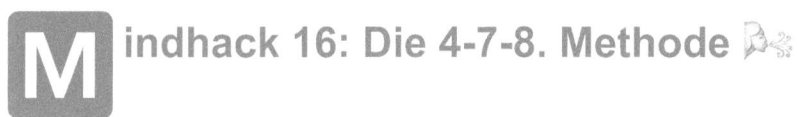

Was Du brauchst: Den Wunsch, dich zu entspannen

Wie es funktioniert:

1. 4 Sekunden durch die Nase einatmen

2. 7 Sekunden den Atem anhalten

3. 8 Sekunden durch den Mund ausatmen

4. Wiederhole das 4–6 Mal

Nutze die Methode z. B. vor Wettkämpfen oder in Pausen, wenn du zu angespannt bist.

Beispiel aus dem Leistungssport: Paul, 15, Mittelfeldspieler, ist oft nervös vor Spielen. Er merkt: Wenn er sich verkrampft, macht er einfache Fehler. Er lernt, sich mit **Musik, Atemtechniken und positiven Gedanken** zu beruhigen. So findet er das **Spannungslevel**, das ihm hilft, konstant besser zu spielen.

Beispiel von einem Top-Sportler: **Roger Federer** ist bekannt für seine **Ruhe auf dem Platz** – selbst in Drucksituationen wie dem Wimbledon-Finale 2019 gegen Novak Djokovic. Er **nutzt Atemkontrolle** und mentale Visualisierung, um seine **Spannung im optimalen Bereich** zu halten und unter Druck klare Entscheidungen zu treffen.

Mindhack 17: Musik-Playlist 🎧

Was du brauchst: Kopfhörer, ein Smartphone oder anderes Abspielgerät, zwei Playlists

So funktioniert es:

Erstelle zwei Playlists – eine mit beruhigender Musik („Down") und eine mit aktivierender Musik („Up").

Beruhigende Playlist:

Vor dem Wettkampf oder beim Aufwärmen, um Ruhe und Fokus zu entwickeln

Aktivierende Playlist:

Wenn du mehr Energie brauchst, z. B. vor einem Wettkampf oder in intensiven Trainingsphasen

Beispiel aus dem Leistungssport: Tom, ein 14 jähriger Torwart, nutzt Musik clever:

Vor dem Training: Entspannende Songs für Fokus

Währenddessen: Motivierende Beats für Energie

Danach: Ruhige Musik zur Erholung

👉 Musik hilft ihm, sein Spannungslevel flexibel und gezielt zu steuern.

Beispiel von einem Top-Sportler: Usain Bolt ist bekannt für seine spektakulären Leistungen auf der Laufbahn. Er hörte vor seinen Rennen oft Reggae oder Dancehall. Die Musik bringt ihn in genau die richtige Stimmung: locker – aber bereit für Höchstleistung.

Mindhack 18: Happy Place 🌴

Was du brauchst: eine bequeme Position und deine

Vorstellungskraft 🏝️

Wie es funktioniert: Nimm eine bequeme Position ein. Du

kannst dich hinlegen, hinsetzen oder auch stehen bleiben.

Wichtig ist nur, dass du für 2–3 Minuten ruhig bleiben kannst.

1. **Schließe nun deine Augen** und konzentriere dich auf deine

Atmung. Atme tief durch die Nase ein – und langsam wieder aus.

2. Jetzt entfernst du dich vom Ort des Geschehens und **reist**

gedanklich an deinen persönlichen Lieblingsort. Dieser Ort

kann real sein oder komplett deiner Fantasie entspringen – das

entscheidest nur du.

3. Fülle ihn mit Menschen, die du gerne dabeihättest. Schau dich

um: Was siehst du? Was hörst du? Was fühlst du?

4. Wenn du lange genug dort warst, **öffne langsam deine Augen**

und kehre in die reale Welt zurück.

Du wirst merken, dass du ein paar **gute Gefühle** mitgebracht hast – sie helfen dir, Unsicherheit zu reduzieren und mit mehr **Mut und Freude** der nächsten Herausforderung zu begegnen.

 Tipp:

Besuche deinen Happy Place regelmäßig – er wird mit der Zeit immer klarer und wirkungsvoller. Bald gelingt es dir, ihn auch **kurz vor oder während eines Spiels** zu besuchen.

Was es noch zu beachten gibt:

Jeder Sportler hat ein anderes Spannungslevel.

Finde heraus, wie viel Spannung **du persönlich** brauchst, um deine beste Leistung zu zeigen. Manche blühen unter Druck auf, andere benötigen innere Ruhe.

7. Gute Gewohnheiten

Warum sind Gewohnheiten für dich als Fußballer wichtig? 🧠

Gewohnheiten sind Handlungen, die du so oft wiederholst, dass sie irgendwann automatisch ablaufen. Stell dir vor, du musst nicht mehr darüber nachdenken, ob du morgens deine Zähne putzt – das passiert einfach.

Im Fußball funktioniert das genauso: Wenn du bestimmte Verhaltensweisen regelmäßig übst, werden sie zu einem festen Bestandteil deines Alltags. Du machst sie fast automatisch – das spart Energie und gibt dir Sicherheit, dich auf die wichtigen Dinge zu konzentrieren.

Auch das Training deiner **mentalen Fähigkeiten** – also das Wiederholen von Übungen wie in diesem Buch – basiert auf Gewohnheiten. Anfangs ist das ungewohnt, doch mit der Zeit wird es immer einfacher. Diese Konstanz hilft dir dabei, **mental stark** zu werden und mit mehr **Selbstbewusstsein** und

Selbstvertrauen an deiner Entwicklung zu arbeiten.

„Champions werden nicht im Ring gemacht. Sie werden durch tägliche Gewohnheiten gemacht." Muhammad Ali (Box-Weltmeister und einer der größten Sportler aller Zeiten)

 indhack 19: Gewohnheiten aufbauen

Was du bauchst: einen ruhigen Ort, Stift und Zettel.

Wie es funktioniert: gehe die folgenden 6 Schritte durch:

1. Setze dir klare Ziele:

Definiere genau, welche Gewohnheit du aufbauen möchtest. Formuliere dein Ziel präzise und machbar.

2. Starte mit kleinen Schritten:

Versuch nicht, alles auf einmal zu verändern. Kleine Schritte machen es leichter, dranzubleiben.

3. Schaffe dir gute Routinen:

Integriere die Gewohnheit fest in deinen Tagesablauf – zu bestimmten Zeiten oder in bestimmten Situationen.

4. Verknüpfe die Gewohnheit mit etwas Bestehendem:

Zum Beispiel: Nach dem Zähneputzen machst du direkt deine Atemübung.

5. Belohne dich selbst:

Belohnungen motivieren. Setze dir Zwischenziele und feiere kleine Erfolge.

6. Erkenne deinen Fortschritt:

Nutze ein Tagebuch oder eine App, um deine Entwicklung sichtbar zu machen.

Beispiel aus dem Fußball: Tom, ein 12-jähriger Abwehrspieler, hat sich angewöhnt, nach jedem Training ausreichend zu trinken und sich gesund zu ernähren und auf Fast Food zu verzichten. So bleibt er nicht nur fit, sondern erholt sich schneller und ist im nächsten Training wieder voll einsatzbereit.

Beispiel von einen Top Sportler: **Cristiano Ronaldo** hat über Jahre hinweg exzellente Routinen entwickelt – sei es im Training oder in der Ernährung. Diese Gewohnheiten haben ihn zu einem der besten Fußballer der Welt gemacht

 **indhack 20: Mentale Sonderangebote**

Was du brauchst: Papier und Stift.

Wie es funktioniert: Überlege dir drei Dinge, die dich immer wieder ablenken oder schlechte Gewohnheiten fördern (z. B. Snacks im Zimmer, Handy beim Training).

Schreibe sie auf – und überlege, wie du diese **mentalen Sonderangebote** loswirst. Ersetze sie durch etwas, das dir hilft, dich weiterzuentwickeln (z. B. Obst statt Süßigkeiten, Handy im Spind).

🔄 **Es geht um kleine Änderungen**, die dich nach und nach besser machen. Wenn du eine Ablenkung im Griff hast, mach dich an die nächste.

Beispiel aus dem Fußball: Luca, ein 13-jähriger Torwart, merkte, dass er abends viel zu lange TikTok schaut, statt sich zu erholen. **Seine „mentalen Sonderangebote":**

- Handy liegt neben dem Bett

- Süßigkeiten im Zimmer

🧠 **Lösung:**

Er legt sein Handy ab 20:00 Uhr in die Küche und bat seine
Eltern, statt Süßigkeiten mehr Obst zu besorgen.
Diese kleinen Änderungen helfen ihm, besser zu regenerieren
und im Training mehr Gas zu geben. 🚀

Beispiel von einem Top-Sportler: Cristiano Ronaldo** hat
seine Ernährung schon lange bewusst umgestellt.

- Kein Junkfood im Haus
- Gesunde Mahlzeiten planen
- Zusammenarbeit mit einem Ernährungsberater

Diese Entscheidungen helfen ihm, fokussiert zu bleiben und auf
Topniveau zu performen.

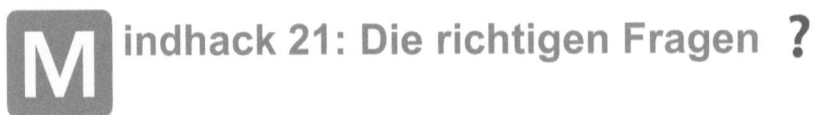 Mindhack 21: Die richtigen Fragen ?

Was du brauchst: Zeit, Stift und unsere Vorlage auf der nächsten Seite

Wie es funktioniert: Die richtigen Fragen helfen dir, **besser zu denken** und deinen Fokus bewusst zu steuern – auf das, was du willst, nicht auf das, was schlecht läuft.

💡 Tipp:

Was lief heute gut?
Was möchte ich morgen besser machen?

Was macht mir gerade besonders Spaß im Training?

Diese Fragen fördern deine **Selbstreflexion**, stärken deine **Eigenverantwortung** und machen dich offener fürs Lernen.

Richtige Fragen zu stellen – das ist ebenfalls eine gute Gewohnheit. 🙂

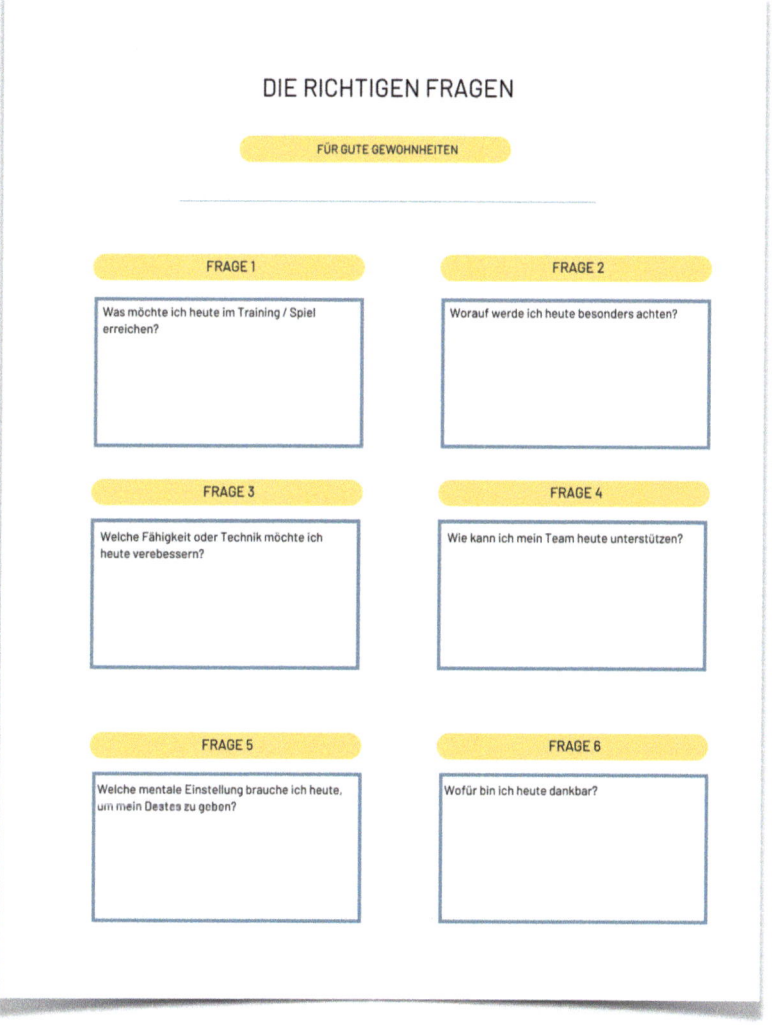

DIE RICHTIGEN FRAGEN

FÜR GUTE GEWOHNHEITEN

FRAGE 1

Was möchte ich heute im Training / Spiel erreichen?

FRAGE 2

Worauf werde ich heute besonders achten?

FRAGE 3

Welche Fähigkeit oder Technik möchte ich heute verebessern?

FRAGE 4

Wie kann ich mein Team heute unterstützen?

FRAGE 5

Welche mentale Einstellung brauche ich heute, um mein Beates zu geben?

FRAGE 6

Wofür bin ich heute dankbar?

8. Ernährung und mentale Stärke

Ernährung für den Kopf

Ernährung ist ein zentraler Baustein für deine **sportliche und mentale Leistungsfähigkeit**, besonders für dich als jungen Fußballer, der auf und neben dem Platz stets sein Bestes geben möchte. Die richtigen Nährstoffe liefern Energie, unterstützen die Erholung und fördern die Konzentration – alles entscheidende Faktoren für eine erfolgreiche Entwicklung.

Doch obwohl Ernährung großen Einfluss auf deine Leistung hat, gibt es **nicht die eine perfekte Ernährungsweise**. Jeder Körper ist einzigartig und reagiert unterschiedlich auf bestimmte Lebensmittel.

👉 **Das Wichtigste ist, auf die Bedürfnisse deines Körpers zu hören** und herauszufinden, was dir persönlich gut tut. Dieses Kapitel bietet dir eine **praxisnahe Orientierung**, wie du mit gezielten Nährstoffen deine mentale Leistungsfähigkeit verbessern kannst – **ohne starren Diätplan**. Du lernst, wie du deine Ernährung **flexibel und bewusst** gestalten kannst, um dein persönliches Optimum zu erreichen.

„Wenn du deinen Körper wie einen Rennwagen behandeln willst, musst du ihn auch so tanken." Lewis Hamilton
(Formel-1-Weltmeister)

Allgemeine Tipps zur Ernährung

1. Keep it simple

Halte deine Ernährung unkompliziert. Konzentriere dich auf **natürliche, vollwertige Lebensmittel**. Keine komplizierten Diäten – sondern nahrhafte, einfach umsetzbare Mahlzeiten.

2. Frisch statt verarbeitet

Greife möglichst oft zu frischen Zutaten. Vermeide stark verarbeitete Lebensmittel – sie enthalten oft Zucker, ungesunde Fette und Zusatzstoffe, die dir eher schaden als helfen.

3. Regelmäßigkeit statt Perfektion

Es ist besser, **konsequent gesunde Entscheidungen** zu treffen, als perfekt zu essen. **Kleine, regelmäßige Verbesserungen** bringen langfristig mehr als ständiger Perfektionismus.

4. Iss, was dir schmeckt

Es ist viel einfacher, Lebensmittel zu essen, die dir schmecken. Für jede Ernährungsform gibt es viele Möglichkeiten – such dir deine Favoriten raus! Die Bilder in diesem Kapitel oder ein kurzer Blick ins Internet helfen dir dabei.

! Wichtiger Hinweis:

Wenn du dich oft schlapp fühlst, Probleme mit der Konzentration hast oder insgesamt das Gefühl hast, dass mit deinem Körper etwas nicht stimmt, **sprich bitte zuerst mit deinen Eltern und einem Arzt** oder **einer Ärztin**. Ernährung kann dich stark unterstützen – aber sie ersetzt keine medizinische Diagnose.

Mindhack 22: Omega-3 mentale Höchstleistung

Omega-3-Fettsäuren sind entscheidend für eine **gesunde Gehirnfunktion**. Sie unterstützen den Aufbau und die Leistungsfähigkeit deiner Nervenzellen – für b**essere Konzentration, schnellere Entscheidungen** und eine **stabile Stimmung.**

💡 Tipps für Omega-3:

1. Fish-Friday-Regel:

Iss einmal pro Woche fettreichen Fisch (z. B. Lachs, Makrele, Sardinen). Pflanzliche Alternativen: Leinsamen, Walnüsse, Chiasamen.

2. Omega-3-Booster-Smoothie:

Ein Löffel Leinsamen oder Chiasamen im Smoothie gibt deinem Gehirn einen „Power-Boost".

3. DHA-Supplement (nur nach Rücksprache):

Wenn du wenig Omega-3 isst, kann ein hochwertiges Supplement helfen.

Aber: Lebensmittel sind immer die bessere Wahl!

Beispiel aus dem Fußball: Rajk, ein 16 Jahre alter Mittelfeldspieler, ergänzt regelmäßig Lachs und Leinsamen in seinen Speiseplan. Nach ein paar Wochen bemerkt er: bessere Konzentration, schnellere Reaktionen – und mehr Selbstvertrauen.

Beispiel von einen Top Sportler: Harry Kane achtet besonders auf Omega-3-reiche Lebensmittel. Das hilft ihm, mental fokussiert und körperlich leistungsfähig zu bleiben – Spiel für Spiel.

 **Mindhack 23: Antioxidantien Mentale Schutzschild** 🍎

Antioxidantien (v. a. Vitamin C & E) schützen dein Gehirn vor oxidativem Stress, der durch hartes Training und Drucksituationen entstehen kann. Wichtig sind auch die B-Vitamine – sie unterstützen die Konzentration und beeinflussen deine Stimmung positiv.

💡 Tipps für Vitamine & Schutzstoffe:

1. Bunte Obst-Challenge

Iss jeden Tag Früchte in mindestens drei Farben – z. B. Beeren, Orangen, grüne Äpfel.

2. Superfood-Mix für Snacks

Eine Snack-Mischung aus Nüssen, Trockenfrüchten und Samen liefert dir Antioxidantien und gesunde Fette.

3. Multivitamin-Kick (nur nach Rücksprache)

Wenn nötig, kann ein Supplement für Sportler helfen. Auch hier gilt: Besser sind echte Lebensmittel!

 Mindhack 24: Flüssigkeitszufuhr – Mentale Klarheit 💧

Viele unterschätzen, wie wichtig ausreichendes Trinken für die geistige Leistungsfähigkeit ist. Schon leichte Dehydration kann Konzentration, Energie und Reaktion beeinträchtigen – besonders im Fußball!

Tipps zur Flüssigkeitszufuhr:

Trink-Wecker: Stell dir jede Stunde einen Reminder – und trink ein Glas Wasser.

Frucht-Infused-Wasser: Zitronen, Gurken, Minze oder Beeren machen Wasser leckerer – und geben dir einen Vitamin-Kick.

Elektrolyte nach dem Training: Eine Prise Salz + Zitrone ins Wasser oder ein isotonisches Getränk helfen bei der Regeneration.

Beispiel aus dem Fußball: Max, ein 14-jähriger Stürmer, trinkt vor jedem Training und Spiel mindestens 500 ml Wasser oder ein leichtes Sportgetränk, um gut hydriert zu sein. In den Pausen achtet er darauf, regelmäßig zu trinken, und bringt zusätzlich ein Elektrolytgetränk mit, um Mineralverluste auszugleichen. So hat er mehr Energie und kann sich besser konzentrieren.

Beispiel von einen Top Sportler: Jeff Browning, Ultraläufer beim „Run Rabbit Run 100", folgt einer durchdachten Hydrationsstrategie. Bereits vor dem Rennen nimmt er Flüssigkeit auf, die länger im Körper bleibt. Während des Laufs verzichtet er auf reines Wasser und nutzt Elektrolytgetränke, um Wasser besser zu speichern und den Natriumverlust durch Schwitzen auszugleichen – so bleibt seine Leistung konstant hoch, selbst unter Extrembedingungen.

Fazit

Wenn du die genannten **Mindhacks** in deinen Alltag integrierst, wirst du schnell merken, wie viel Ernährung mit **mentaler Stärke** zu tun hat.

Es sind keine riesigen Änderungen nötig – sondern **kleine, smarte Entscheidungen**, die dich jeden Tag ein Stück besser machen – **im Training, im Spiel und darüber hinaus**.

Schlusswort

Du hast jetzt viele Werkzeuge und Techniken kennengelernt, mit denen du deine **mentale Stärke verbessern** und deine **Leistung im Sport steigern** kannst. Denk immer daran: **Erfolg beginnt im Kopf**.

Mit **Selbstvertrauen, Selbstbewusstsein**, dem **gezielten Einsatz deiner Stärken, klaren Zielen** und dem **richtigen Umgang mit Fehlern** kannst du deine sportlichen Träume Schritt für Schritt verwirklichen.

💡 Tipp:

Du kannst jederzeit auf die verschiedenen Übungen zurückgreifen. Unsere Herausforderungen verändern sich mit der Zeit – in solchen Phasen lohnt es sich, andere Kapitel erneut durchzugehen. Es hilft auch, das Buch mehrmals zu lesen und die Übungen zu wiederholen, die gerade zu dir passen.

💬 **Zitate zum Abschluss:**

„Du kannst nur gewinnen, wenn du lernst, wie man verliert."

– Kareem Abdul-Jabbar (NBA-Legende)

„Je schwerer der Sieg, desto größer die Freude daran."

– Pelé

Bleib **positiv, glaub an dich** und **gib niemals auf**.

Die Welt des Sports wartet auf dich – also **geh raus und zeig, was in dir steckt!**

Vielen Dank & viel Erfolg!

✒️ Sebastian & Christian

👥 Über uns

Sebastian Mundruc ist Mentaltrainer und begleitet seit vielen Jahren Sportlerinnen und Sportler auf ihrem Weg zu mehr mentaler Stärke – vom engagierten Amateur, der sich gezielt verbessern will, bis hin zum Nachwuchs-Nationalspieler im Fußball.

In seiner Arbeit geht es nicht nur um Leistungssteigerung, sondern vor allem darum, jungen Menschen dabei zu helfen, selbstbewusster, fokussierter und resilienter zu werden – auf dem Spielfeld und im Alltag. Seine Stärke liegt darin, mentale Techniken greifbar und direkt anwendbar zu machen.

Christian Wichert ist studierter Sportmanager und war viele Jahre als Spielerberater aktiv. Er kennt den Fußball aus nächster Nähe – nicht nur auf dem Papier, sondern auch aus der Praxis.

Mit seinem tiefen Verständnis für die sportliche Laufbahn, Leistungsdruck und persönliche Entwicklung bringt er wertvolle Perspektiven ein. Heute unterstützt er junge Talente dabei, ihren eigenen Weg im Sport zu finden und sich auf das zu konzentrieren, was wirklich zählt.

Gemeinsam wollen wir dich auf deinem Weg begleiten – mit praktischen Tools, ehrlichen Impulsen und dem festen Glauben daran, dass du alles erreichen kannst, wenn du mental bereit bist.

Denn: **Dein Kopf ist dein stärkster Muskel.**

Übungsblätter zum Download

Alle Übungsblätter aus diesem Buch findest du noch einmal gesammelt – übersichtlich und direkt einsetzbar.

Lade dir jetzt die Übungsblätter kostenlos herunter:

 https://fussball-mindhacks-uebungsblaetter.grwebsite.de/

 Tipp:

Mach dir dein eigenes Mentalheft daraus. Je öfter du reflektierst und aufschreibst, desto stärker wird dein Mindset.